COPIE

DE

DEUX LETTRES

ADRESSÉES

A S. Exc. M. LE MINISTRE DES FINANCES.

PARIS

IMPRIMERIE DE CH. MARÉCHAL, 16, COUR DES PETITES-ÉCURIES

—

1875

1

A Son Excellence Monsieur le Ministre des Finances.

Proposition d'un nouveau point de vue d'impôt sur la consommation générale, présentée par M. A. Labbé.

Du projet de Monsieur le Ministre des Finances, il résulte que l'Etat, afin de satisfaire à ses besoins financiers, a l'intention d'augmenter partie des impôts existants et d'en créer de nouveaux.

C'est, comme toujours, aux objets de la consommation générale qu'on paraît devoir s'adresser pour cela.

On ne peut nier, qu'avant tout, il est indispensable que la réalisation des impôts soit certaine et qu'on ne saurait, à cet effet, s'adresser plus sûrement qu'à la consommation générale.

Mais aussi, ne semble-t-il pas également indispensable, que cette grande veine des ressources de l'État, soit exploitée dans toutes ses branches?

Or, qu'est-ce que la consommation générale ? C'est, on peut le dire, tout ce qui sert à la vie.

Ce qui sert et entretient la vie, se divise en deux catégories : La consommation interne (*Nourriture*) et la consommation externe (*Vêtements*).

La première de ces deux catégories, est celle à laquelle jusqu'ici, l'Etat, a successivement demandé toutes les augmentations de revenus qui lui ont été nécessaires.

Il en résulte, qu'aujourd'hui telle maison, représentant à Paris la consommation interne et faisant 10 millions d'affaires par an, a fourni au fisc (douane, accise ou octroi) plus de 3 millions de francs ; tandis que telle autre maison représentant à Paris la consommation externe et faisant 40 millions d'affaires par an, n'a fourni que de rares droits de douane, soit par les droits sur certaines matières brutes, soit par ceux qui frappent les tissus venus de l'étranger.

Pour le même chiffre d'affaires, la première maison aurait déboursé 12 millions, au milieu d'entraves et d'obligations de toutes sortes, complétement inconnues dans la consommation externe.

Voilà où on en est arrivé !

C'est pourquoi, puisque de nouveaux subsides sont nécessaires, et que nous sommes à l'heure où on songe à s'adresser encore à la consommation interne, en frappant de nouveau ses produits, on ne peut s'empêcher de demander : Pourquoi donc un si triste privilége est-il sans

cesse réservé à cette branche de la consommation [géné-
rale, tandis que la seconde, beaucoup plus importante et
plus riche, en reste exclue?

Oui, l'assiette de l'impôt est bonne, parce qu'il faut
des ressources certaines, et que la consommation est certaine.

Mais pourquoi, aujourd'hui que la consommation interne, liquide et solide, est si lourdement surchargée
qu'elle succombe, pourquoi ne pas s'adresser enfin à la
consommation externe?

Elle est aussi certaine que l'autre, puisqu'elle est
aussi indispensable.

L'impôt sur elle serait aussi juste, puisqu'il frapperait
chacun au prorata de ce qu'il consommerait.

Il serait juste encore, en répartissant mieux, puisque
ce serait sur un plus grand nombre de commerçants, les
charges, les préjudices et les ennuis du fisc en général.

Avec lui, la consommation interne ne supporterait pas
à peu près tout, et la consommation externe à peu près rien.

Quant aux moyens pratiques de perception, on ne
saurait comprendre qu'il soit plus difficile d'appliquer un
droit unique par 100 kilos, à l'entrée des villes, sur dix
ballots d'étoffes quelconques, venus de Rouen, de Roubaix,
d'Elbeuf ou de Lyon, qu'il n'est difficile d'appliquer, comme
on le fait, les tarifs si divers, qui frappent les marchandises si variées elles-mêmes, de la consommation interne.

La fraude ne serait pas plus à redouter dans les uns que dans les autres, — elle le serait moins, — la perception en serait plus facile ; la seule différence qu'il y aurait alors, avec aujourd'hui, c'est que la branche de la consommation externe, jusqu'ici privilégiée, commencerait enfin à partager les charges et les désavantages que la consommation interne subit chaque jour, dans des proportions bien autrement considérables et au grand détriment de ses intérêts et de ceux de l'Etat.

En résumé, ne serait-il pas juste, dans l'intérêt de l'Etat et aussi par équité, de reconnaître :

1° Que la consommation générale, base des impôts, ne s'arrête pas à ce qui se consomme à l'intérieur ?

2° Que la consommation externe est aussi inévitable que l'autre, et par conséquent, aussi certaine dans ses revenus ?

3° Que la consommation interne écrasée, puisqu'elle ne rapporte plus ce qu'on attendait d'elle, ne saurait être encore chargée plus lourdement, ni laissée dans une situation d'inégalité aussi frappante avec la consommation externe ?

4° Qu'il est juste, enfin, puisqu'il faut de nouvelles ressources à l'Etat (et il est à prévoir qu'il lui en faudra encore dans l'avenir), de commencer à faire supporter à la consommation externe une partie des charges que seule, jusqu'ici, la consommation interne a dû souffrir.

Qu'en conséquence, pour faire face aux nécessités actuelles et à celles futures, il convient d'appliquer à l'entrée des villes, un impôt unique de 20 francs (par exemple) aux 100 kilos bruts, à tous les tissus qui y entreront, sans distinction de qualité *(système pratiqué dans la consommation interne pour les vins et spiritueux dont la diversité est grande)*.

Dira-t-on que cet impôt serait excessif? Il représenterait à peine 1 franc sur l'habillement de l'homme; 1 fr. 50 sur celui de la femme; 40 centimes sur celui de travail de l'ouvrier. — Que serait-ce donc pour chacun des objets qui composent ces habillements? Que serait-ce sur de plus menus objets? Un chiffre infime!

Les gens fortunés paieraient plus que ceux qui ne le sont pas. Pourquoi? Parce qu'ils consomment davantage. — Il est très-certain, en effet, que dans cette branche de la consommation générale, les besoins des riches sont infiniment plus grands que ceux des pauvres. — Tout le monde, malheureusement, ne saurait avoir des tapis, des tentures et une foule d'autres choses luxueuses, conséquences naturelles de la richesse.

Quant aux tissus destinés à l'exportation, ou même pour ceux qui ressortiraient des villes, accorder, ce qui existe déjà pour des marchandises non-mélangeables, le drawback, à partir d'un minimum de poids à déterminer; ce qui établirait encore entre la consommation interne et la consommation externe, un point utile d'égalité commerciale.

Enfin, il semble impossible d'alléguer contre ce système aucune difficulté dans la pratique. Les lettres de voiture donneraient le poids des colis; aucun mélange ne serait à craindre; aucun changement à faire au principe de l'octroi, ni dans les procédés de perception et de décharge; aucun changement dans le personnel.

Ce serait simplement l'assiette actuelle de l'impôt sur la consommation générale, étendue aux deux catégories qui la représentent réellement : la consommation interne et la consommation externe; un impôt juste, léger pour chacun et sérieux pour l'Etat, applicable sans aucun dérangement, dès qu'on l'aura voulu.

Veuillez agréer, Monsieur le Ministre,
l'assurance de mon profond respect.

A. LABBÉ.

Paris, le 26 mars 1875.

[Ce travail a été soumis en décembre 1873 à M. Dehaynin aîné, membre du Conseil municipal de Paris; — en novembre 1874, au journal *le Moniteur vinicole;* — le 21 février 1875, à M. le Ministre des Affaires étrangères; — le 27 février 1875, à M. le Ministre de la Guerre, vice-président du Conseil; — le 1er mars 1875, à M. le Ministre des Finances, alors M. Mathieu Bodet; — le 26 mars 1875, à M. Léon Say, ministre des Finances.]

RELEVÉ AUTHENTIQUE

DES DROITS DE TOUTE NATURE PAYÉS PAR LA CONSOMMATION INTERNE, DANS PARIS, SUR UNE CONSOMMATION TOTALE DE 10 MILLIONS DE FRANCS.

Sur Sucre raffiné (1,548,775 kil., à 73 fr. 30 les 100 kil.) . . . . 1,135,252 »

» Chocolats (648,096 kil., à 97 fr. 535 les 100 kil.) . . . . 632,022 »

» Vins, Spiritueux, Bières, Huiles de bouche et Vinaigres . . . . 653,717 »

» Cafés de toute provenance (165,842 kil., à 156 fr. les 100 kil.) . . . . 258,713 »

» Articles divers, tels que : Sels, Poivres, Épices, Vanille, Thés, Drogueries, Tapioca, Sagou, Riz, Comestibles, Salaisons, Poissons salés, Chicorée, Fromages, Beurre, Liqueurs françaises et étrangères, Biscuits anglais, Conserves alimentaires, Glucose, etc., etc. . . . 320,296 »

Total . . . Fr. 3,000,000 »

Il n'est pas tenu compte, dans ce relevé, des droits sur les marchandises ci-après désignées, faisant partie du même commerce :

Les droits sur Bougies,
»   Savons,
»   Cire,
»   Chandelles
et Huiles d'éclairage.

II.

Monsieur le Ministre,

Je vous dois d'abord des remercîments, pour la bien-
veillance que j'ai rencontrée, dès la première entrevue que
j'avais sollicitée de vous.

Encouragé par les documents qu'on a bien voulu
mettre à ma disposition, j'ai recherché, dans les travaux
de la Commission, les causes qui ont rendu inapplicable
l'impôt sur les tissus.

C'est avec raison qu'il m'a été dit, que ce qui milite en
faveur du principe de cet impôt n'était plus à exposer,
puisque le Gouvernement et le Conseil supérieur du commerce en avaient depuis longtemps reconnu la parfaite
équité.

On avait également quelque raison de penser, que tout ce que j'invoquais pour démontrer la facilité d'application de cet impôt avait déjà été étudié. Il faut reconnaître, en effet, qu'il n'était guère possible à la Commission, de pousser plus loin, dans ce but, ses investigations; cependant je crois fermement que, malgré la haute supériorité avec laquelle cette question a été traitée, la marche des délibérations devait inévitablement conduire à un résultat négatif.

Tel n'était pas, selon moi, le point de vue auquel on devait se placer.

Si les impôts existants ont été d'application pratique, c'est que, pour chacun d'eux, on s'est efforcé autant qu'on a pu le faire, de le baser sur un droit fixe et unique et sur un point de départ *inchangeant* et incontestable. — C'est la même voie qu'il fallait prendre, et l'on serait arrivé.

Au lieu de faire des catégories, si on eût adopté le principe d'un droit unique, la plupart des difficultés qui ont surgi ne se fussent même pas présentées; car les catégories entraînaient fatalement avec elles, dans la pratique, les inextricables difficultés de l'application de tarifs divers à des marchandises d'une variété infinie. On ne pouvait, par cette voie, arriver qu'à l'impraticable, à l'impossible, alors que l'adoption d'un droit unique eût résolu à elle seule ces obstacles en les écartant.

Mais là s'élève l'objection naturelle contre tout impôt unique : « Les objets ordinaires ne paieraient donc pas plus que les objets de luxe ? » A cette objection on peut répondre que cette apparente injustice est malheureusement ce qui existe pour la plupart des impôts indirects et que ce n'est pas une injustice, puisqu'on ne pouvait faire mieux et qu'on ne saurait encore faire mieux.

En effet, il n'est pas deux droits pour les vins en cercles, variant de 50 francs à 2,000 francs la barrique; il n'est pas deux droits pour les eaux-de-vie, variant de 40 fr. l'hectolitre les 60° Nord, à 1,500 fr. l'hectolitre les 60° Cognac; il n'est pas deux droits sur les cacaos, variant de 95 à 425 francs les 100 kilos, ni sur les cafés, variant de 170 à 300 francs; il n'est pas deux droits sur les sels entre le sel commun et le sel raffiné; ni sur les thés, variant de 150 à 1,400 francs. Et combien d'autres produits pourrait-on prendre (même dans les derniers impôts) comme exemple d'un droit unique, sur des marchandises très-différentes de qualités, et qui figurent cependant avec succès parmi les principaux revenus du Trésor ?

On n'est pas sorti de l'unité pour ces produits, et l'on a eu raison. — Pourquoi? parce que, si l'on eût voulu le faire, on serait arrivé, comme lorsqu'il s'est agi des tissus, à reculer devant des difficultés sans nombre, que les catégories eussent certainement présentées.

On a donc eu raison, et on a fait ce qu'il était juste de faire, puisque c'était le mieux possible pour le commerce et pour l'Etat.

Mais, dans le cas des tissus, ce principe de l'impôt unique trouve un argument particulier dans la nature même des choses; la Commission a pu estimer que le commerce général de la France, en tissus, était pour l'intérieur de 1 milliard ; or, dans ce chiffre les tissus de coton figurent pour 340 millions, les tissus de chanvre et de lin, pour 200 millions, soit 540 millions pour ces deux espèces ou la moitié du chiffre total. Le tissu de coton est beaucoup moins cher et plus léger que la toile. Qui le consomme? Généralement les moins fortunés. — La toile est, toutes proportions gardées, beaucoup plus chère et plus lourde que le coton. Qui la consomme? Généralement les gens aisés. — Il s'en suit, que la marchandise la plus chère, consommée par le plus riche, paierait davantage, puisqu'elle est la plus lourde.

Voilà donc une proportion naturelle, qui se trouve

aussi juste qu'on peut le désirer, pour plus de la moitié du chiffre des tissus consommés.

Quant aux autres 500 millions, représentant les tissus de laine et de soie, n'est-il pas évident que la consommation de ces tissus est énormément plus considérable dans les classes riches que dans les classes pauvres? Est-il nécessaire d'insister sur ce point? Ne suffit-il pas d'ouvrir les yeux pour le voir ou d'y réfléchir un seul instant pour en être convaincu?

Au contraire, et cela a déjà été dit trop souvent pour être ignoré de personne, dans la généralité des impôts de la consommation interne, le pauvre paie inévitablement plus que le riche. — Pourquoi? — Parce que ce sont des objets de première nécessité que, par sûreté pour le Trésor, on a frappés d'un droit généralement unique.

Le pauvre, dans sa consommation journalière, ne peut guère s'écarter de ces objets; le riche, au contraire, en a d'autres et consomme moins de ceux-là, ayant moins de forces à réparer. Et puis, son existence ne se passe pas toute à la ville, comme celle de l'ouvrier; il échappe donc par ce fait seul au paiement d'une grande quantité de droits, que l'ouvrier et sa famille, assidus par obligation, ne sauraient éviter.

Serait-ce le cas de l'impôt sur les tissus? Oh! non, tout au contraire, car cette branche de la consommation générale est devenue la vraie et l'heureuse expression du bien-être; les besoins des riches doivent être et sont, sous ce rapport, inévitablement satisfaits, n'importe où ils se trouvent; et de combien ces besoins des gens aisés, ne dépassent-ils pas ceux des pauvres?

Mais à tout système dont le principe est admis, il faut donner l'appui d'une mise en pratique rapide, simple, économique et certaine. Telle a toujours été, durant ses travaux, la préoccupation de la Commission. Malheureusement, les conséquences du point de départ sont encore venues, sous ce rapport, paralyser son bon vouloir.

Avec l'unité d'impôt, les obstacles semblent disparaître, et nous trouvons, dans ce qui existe pour les vins, tous les éléments d'une bonne pratique d'impôt sur les tissus.

Admettons, en effet, qu'une loi place les tissus exactement dans les mêmes conditions que les vins. — La chose seule diffère — et prenons le cas choisi par la Commission, de l'artisan isolé. — On n'a rien changé à ses habitudes, il a seulement déclaré sa profession et le nombre de ses métiers; on le connaît donc. Veut-il faire une expédition à un commerçant de détail non entrepositaire, ou à un consommateur? Comme les tissus ne doivent plus circuler sans être accompagnés d'une pièce de régie, il fait cette expédition avec congé, c'est-à-dire droit acquitté. — Est-ce à un commerçant en gros ou à un teinturier? il la fait avec un acquit, dont le compte d'entrepôt de ces derniers est chargé.

Disons ici, que le commerçant en gros, la grande fabrique et le teinturier, seraient exercés comme les entrepositaires de vins, ou si l'on veut, comme les fabriques de papiers et de bougies, et que les tissus venus de l'étranger, seraient pour l'intérieur, soumis au même régime que les tissus français.

Un commerçant au détail réexpédie-t-il à l'intérieur? Comme toutes les marchandises qu'il a dans ses magasins ont acquitté le droit, chaque envoi qu'il fera, devra être accompagné d'un laissez-passer délivré par la régie, justifiant que la marchandise est libérée du droit.

Remarquons bien qu'ainsi, les tissus jouiraient d'un privilége qui n'existe pas pour les boissons, dont les droits, quoique payés dans une ville, n'exemptent pas de payer d'autres droits au Trésor, s'il y a réexpédition.

Il reste entendu que tout commerçant de tissus jouirait, pour l'exportation, du bénéfice du drawback; ces expéditions seraient constatées par le certificat de sortie déjà en usage, qui pourrait être échangé avec un entrepositaire.

Et si on voulait laisser la faculté d'acquitter le droit à l'entrée de certaines villes, rien à changer à ce qui précède, si ce n'est pour l'artisan, l'entrepositaire et la fabrique, de ne pouvoir expédier sur ces villes qu'avec acquit. Dans ce cas, l'acquit accompagnant la marchandise, se trouverait déchargé à l'entrée de la ville, contre la quittance du droit.

Enfin, ce système lève les derniers scrupules qui s'étaient manifestés au sein de la Commission, relativement aux entraves, qu'avec raison, elle avait à cœur d'éviter au commerce; pas de difficultés à craindre à l'égard des objets subissant des transformations et des préparations particulières, pas de contestations à redouter pour les objets de confection ni quant à l'étiquetage; aucun changement pour le commerce, dans ses habitudes de travail, d'intermédiaire, d'expédition et d'exportation.

Qu'y aurait-il de changé aux principes de l'administration, à ses habitudes, à ses employés? Rien. — Et enfin, pourquoi y aurait-il plus de fraude à redouter avec les tissus qu'il n'y en a avec les vins, soumis au même régime?

On le voit donc, l'obligation nouvelle serait légère, bien légère pour tous, auprès de celles de toutes sortes auxquelles est assujettie la consommation interne, qui, sur 10 millions de marchandises, est arrivée à payer au fisc, à grand'peine il est vrai, plus de 3 millions de francs !

Quant au produit de cet impôt, immédiatement applicable, il se trouverait, naturellement, en raison directe du taux qui serait fixé ; mais déjà, il ne semble pas téméraire de dire, qu'étant admis le taux de 20 francs par 100 kilos bruts, on pourrait compter sur un revenu de 30 millions par an, étant donné une consommation annuelle de 5 kil. par habitant, pour tissus de toute nature et de tout usage (1). Et comme exemple facile à vérifier, ce taux greverait de 1 franc à 1 fr. 50 l'habillement complet de l'homme du monde et de 40 à 60 centimes le vêtement de travail de l'ouvrier.

J'ignore, Monsieur le Ministre, si l'idée et le système rencontreront votre approbation ; ils sont, en tout cas, le

---

(1) La Commission a évalué à 56 millions de kilogrammes net les tissus de coton consommés annuellement en France. De cet article seul on aurait donc, à raison de 20 centimes par kilo, un produit de 11 millions.

résultat d'une conviction sincère et désintéressée, qu'il était de mon devoir de produire devant vous.

Enfin, je me fais un plaisir de tenir à votre disposition les renseignements pratiques que je puis connaître, et qui n'avaient pas place en cet exposé.

Veuillez agréer, Monsieur le Ministre, la nouvelle assurance de mon profond respect.

A. LABBÉ.

Paris, 9 avril 1875.

APPENDICE

Une nouvelle loi, votée par l'Assemblée nationale le 9 juin 1875, supprime l'exercice pour les boissons, dans toutes les villes d'au moins 10,000 âmes.

Une taxe unique, à l'entrée de ces villes, lé remplacera.

Et le principe de l'entrepôt reste ce qu'il était.

Ce nouveau pas vers l'institution d'un mode uniforme de perception est une satisfaction légitime pour le commerce loyal et une amélioration réelle, pour les droits du Trésor.

L'impôt étudié dans les lettres qui précèdent, recueillerait naturellement les avantages qui résultent de l'étendue de la nouvelle loi, puisque le mode de perception qu'on propose d'employer pour lui, est entièrement conforme à ce qui est pratiqué pour les vins.

A. L.

Paris. — Imp. Ch. Maréchal, passage des Petites-Écuries, 16.